ごあいさつ

　アロハ！　私が生まれたハワイでは、植物で作った輪かざりを贈る習慣があります。その輪かざりは「レイ」といいます。レイを贈ることはとても日常的なことで、私も幼いころから庭の花を摘んで、レイ作りを楽しんでいました。できあがったレイを母や家族にあげると、みんなとても喜んでくれたのを今でも覚えています。身近なものを使って作り、それを贈ると喜んでもらえる。それがレイなのです。

　日本にもたくさんのすてきな花々が咲いています。ぜひ色んな植物を使って、レイ作りを楽しんでみてください。そして、どんどんプレゼントしてください。あなたの周りがたくさんの笑顔であふれることでしょう。

カヴェナ・マン

\かんたん手作り/

笑顔になれる
レイの本

カヴェナ・マン

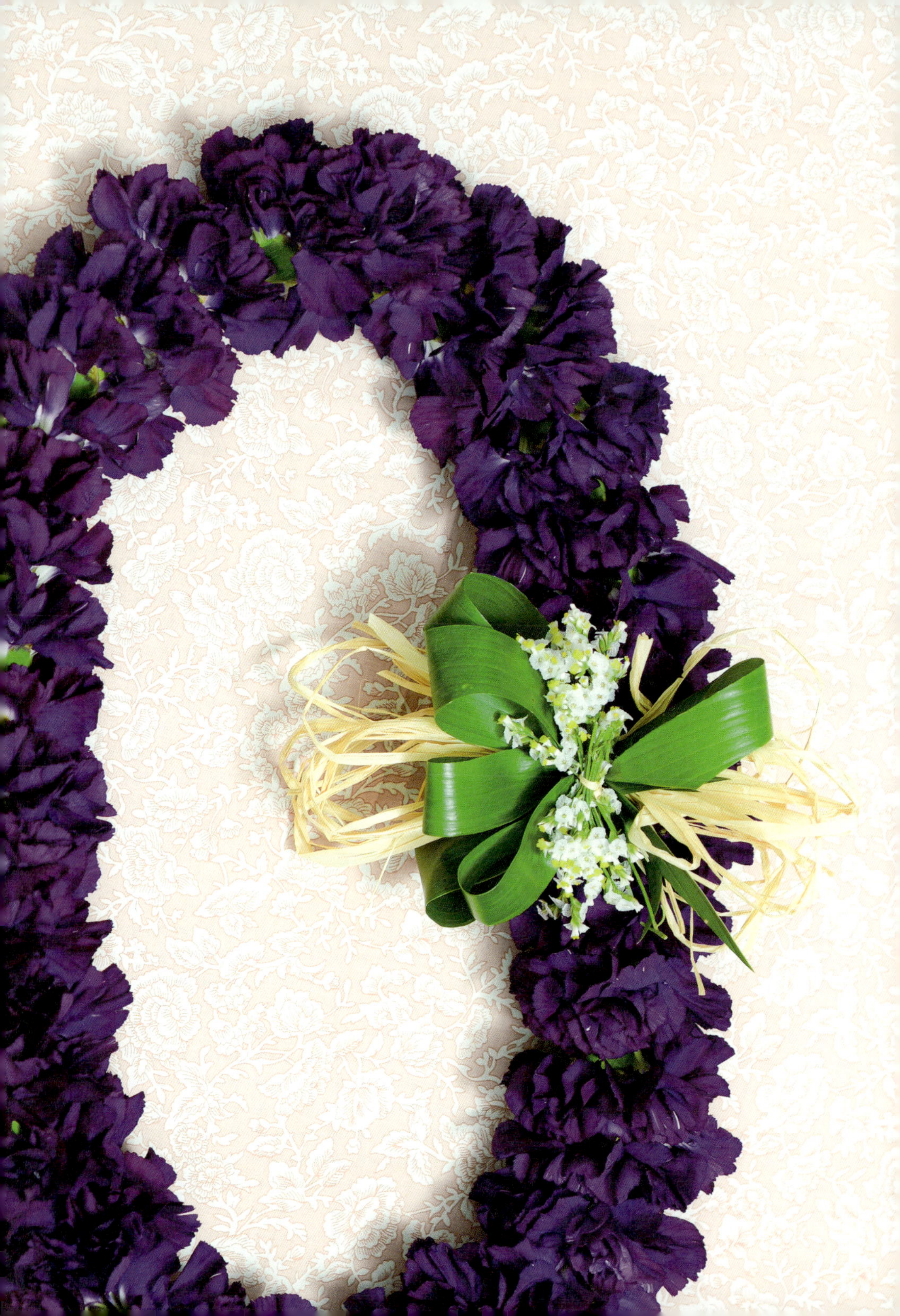

Contents もくじ

2 ごあいさつ

針と糸で作るレイ
- 6　**針と糸で作るレイ**
- 10　針と糸で作るレイ　作り方
- 16　針を使わないから子供も安心！　マカロニのレイ

ひもと植物で作るレイ
- 20　**ひもと植物で作るレイ**
- 22　ひもと植物で作るレイ　作り方
- 25　COLUMN　レイの長さ
　　　　　　　ひもで作るレイの土台は、2つの方法で作れます
- 30　髪飾り（カチューム＆コーム）　作り方
- 36　葉っぱのレイ　作り方
- 39　COLUMN　こんなひもがあれば、いつでもレイが作れるよ

植物だけで作るレイ
- 40　**植物だけで作るレイ**
- 42　ねじねじのレイ　作り方
- 44　COLUMN　植物で作るレイに使う葉は下準備が必要です
- 46　あっという間にできちゃう　アイビーのレイ
- 50　上級者向け　三つ編みのレイ　作り方

56　気持ちの込もったレイをもらえばみーんなスマイル

60　おわりに

61　プロフィール

針と糸で
作るレイ

プリンセスになった気分！

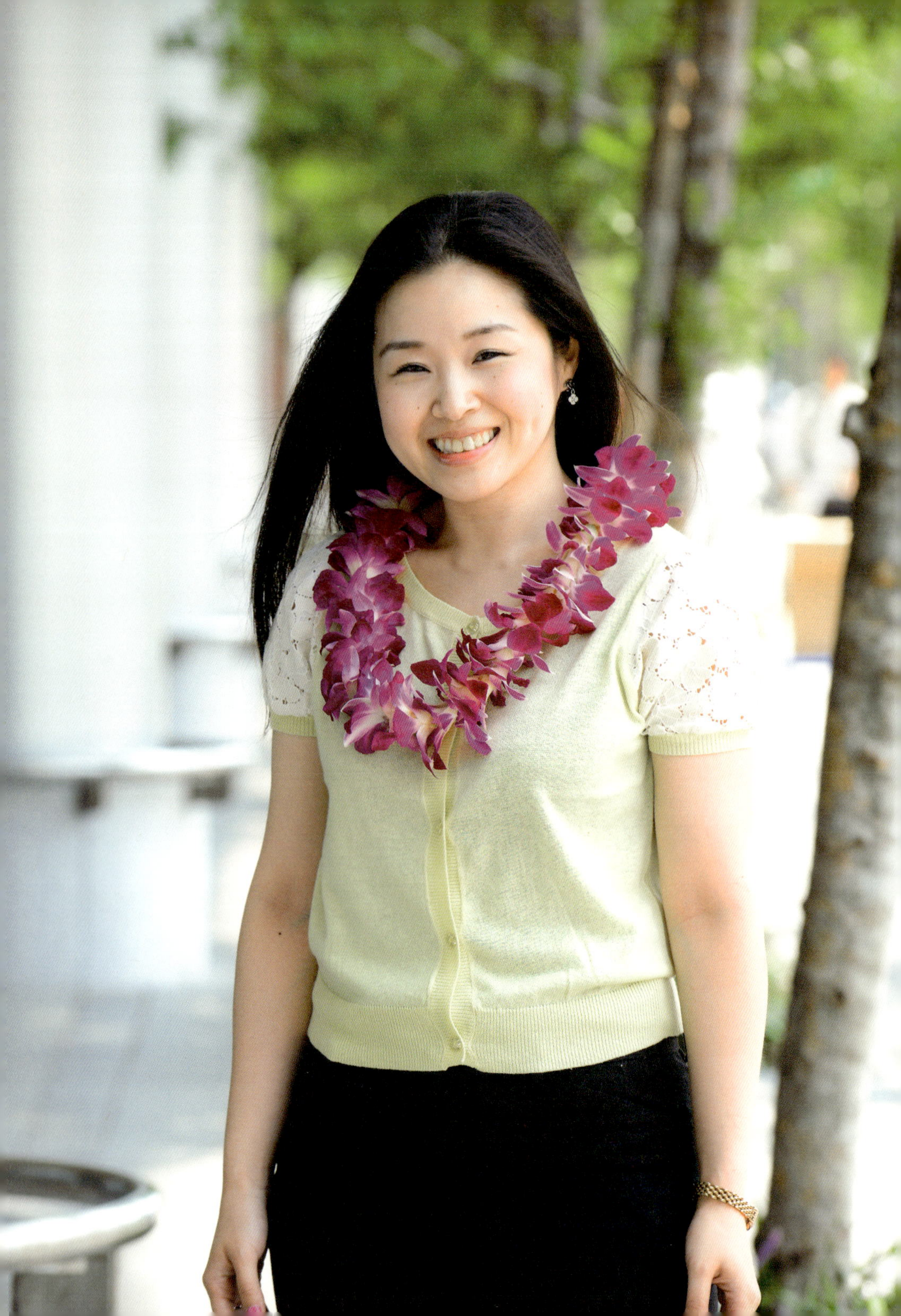

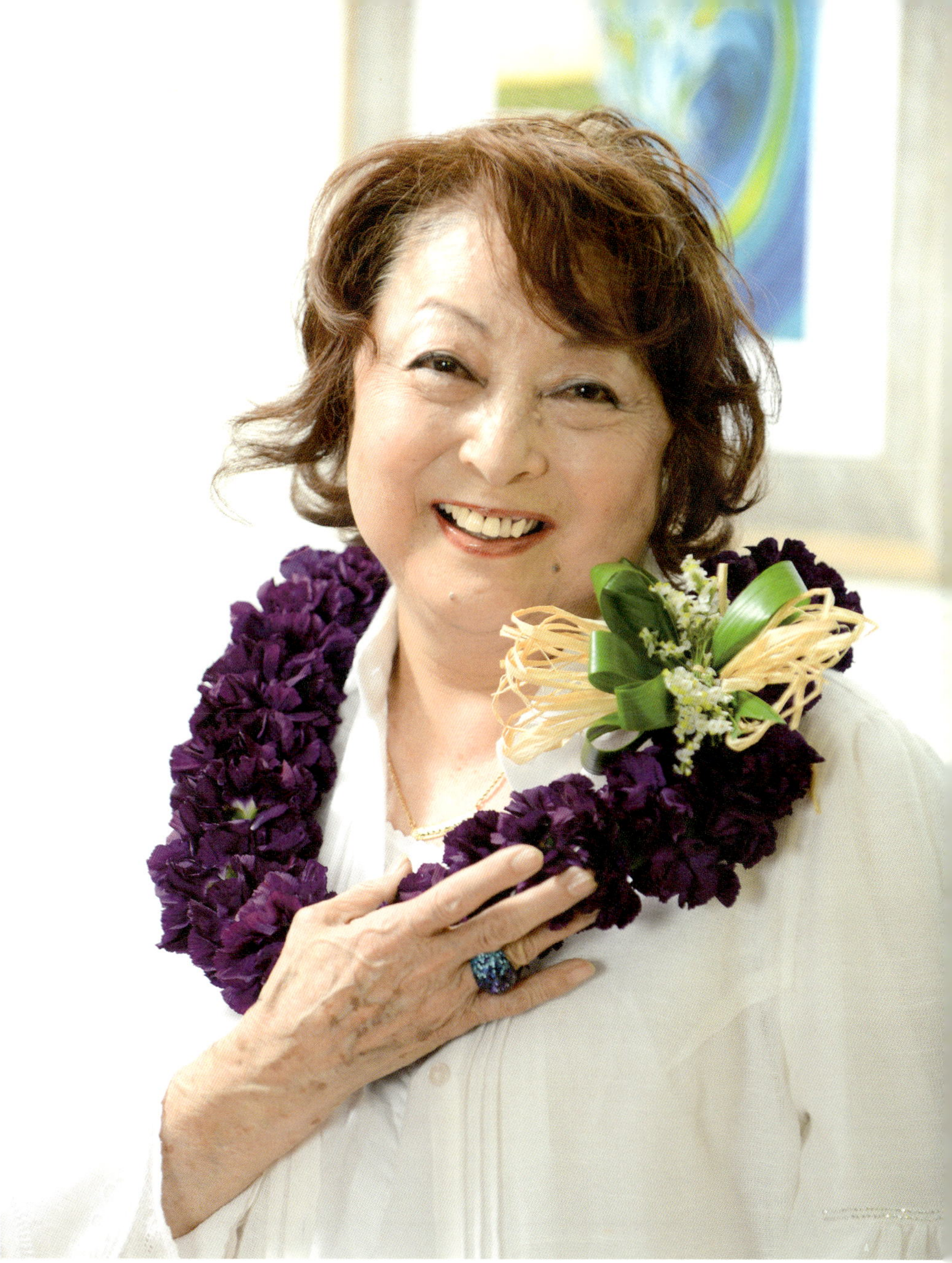

針と糸で作るレイ｜作り方

[材料]
花（ここではカーネーションを使用）　35輪
針と糸
はさみ

1. 花を茎から切り離します。花がバラバラにならない位置で切りましょう。

2. 花をやさしく両サイドに引っぱって、花を少し割きます。

3. すべての花を割いたら、いよいよ繋ぎます。針に糸を通し、糸の端から約15センチのところを玉結びに（P.25参照）。針を写真の方向に刺します。中央に刺すのがポイント。

4. 花の間をしっかりと詰めていきながら、ちょうどいい長さになるまで花を繋いでいきましょう。最後の花を刺したら、玉結びします。

端と端の糸を結び合わせて、輪にすれば完成！

レイ作りに使う針と糸

[針]
ハワイでは「レイニードル」という長さ約30センチの針が売られていますが、もっと短い針でも、下記のようなものであれば、じゅうぶんにレイ作りを楽しめます。
・刺す花の縦の長さより長いこと。
　なるべく長い方が使いやすい
・太すぎる針は不向き

[糸]
糸はどんなものでもOK。100円ショップでもレイ作りに適した糸は見つかります。おすすめは「キルト糸」。ミシン糸よりも少し太く、柔らかいため、花を傷めにくいのです。また、下記のようなものは、できるだけ避けた方がいいでしょう。
・細すぎる糸
　（細いと途中で糸が切れてしまうことも）
・テグスやデンタルフロス
　（固すぎる糸は花を切ってしまいやすい）

こんなレイもできるよ

[2]でしたようにカーネーションの花を割かないでつなげると、このようなレイになりますよ。

花を横にして、らせん状に花を刺していくと、こんなゴージャスなレイにもなります。

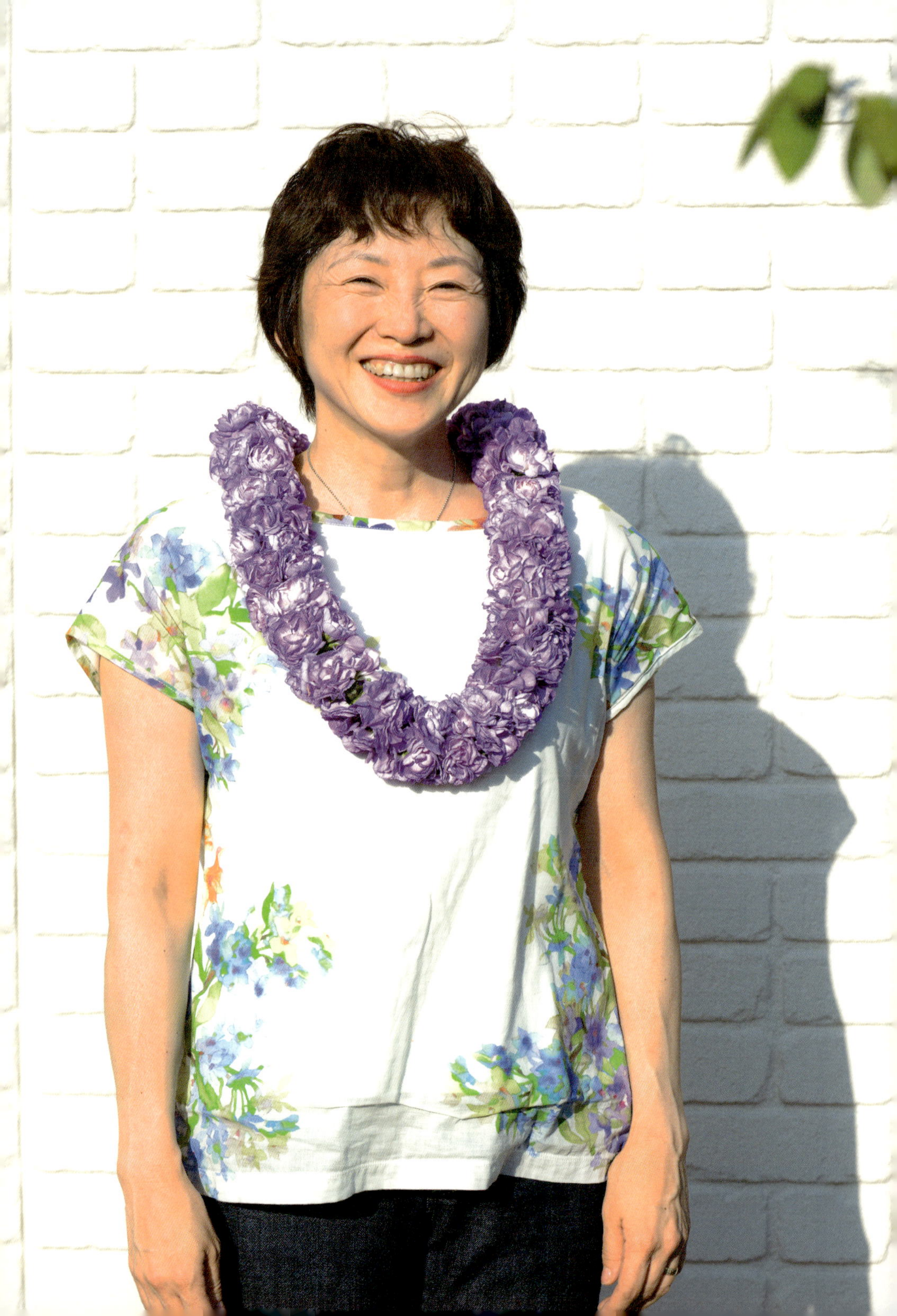

いい子に
してたらね。

ねぇねぇ、
それ
ちょうだい！

やったー！
みんな、
みてみて!!

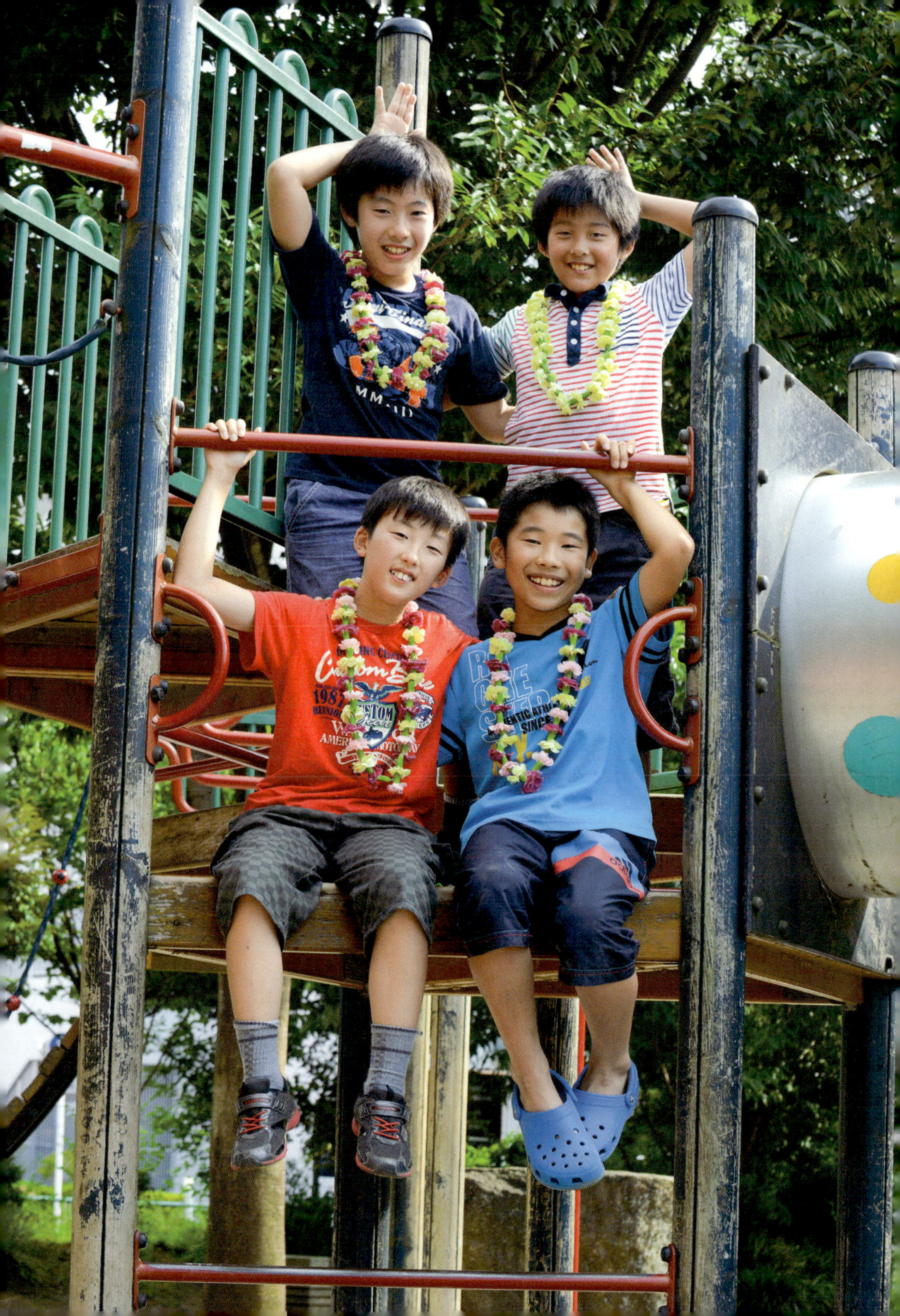

へぇー、これがお花なの？！
おもしろいね。

なんだか
楽しくなっちゃうね。

帰ったら、お母さんに
あげるんだ〜。

\ 針を使わないから /
子供も安心！

マカロニのレイ

材料
マカロニ 40個
糸
アクリル絵の具
筆

1 おなか すいたー

マカロニにアクリル絵の具で色をつけます。

2

マカロニが乾いたら糸を通していきましょう。好みの長さになったら糸を結びあわせて、できあがり。

元から色のついたマカロニを使えば、レイとしてあげた後、食べてもらうこともできるよ！

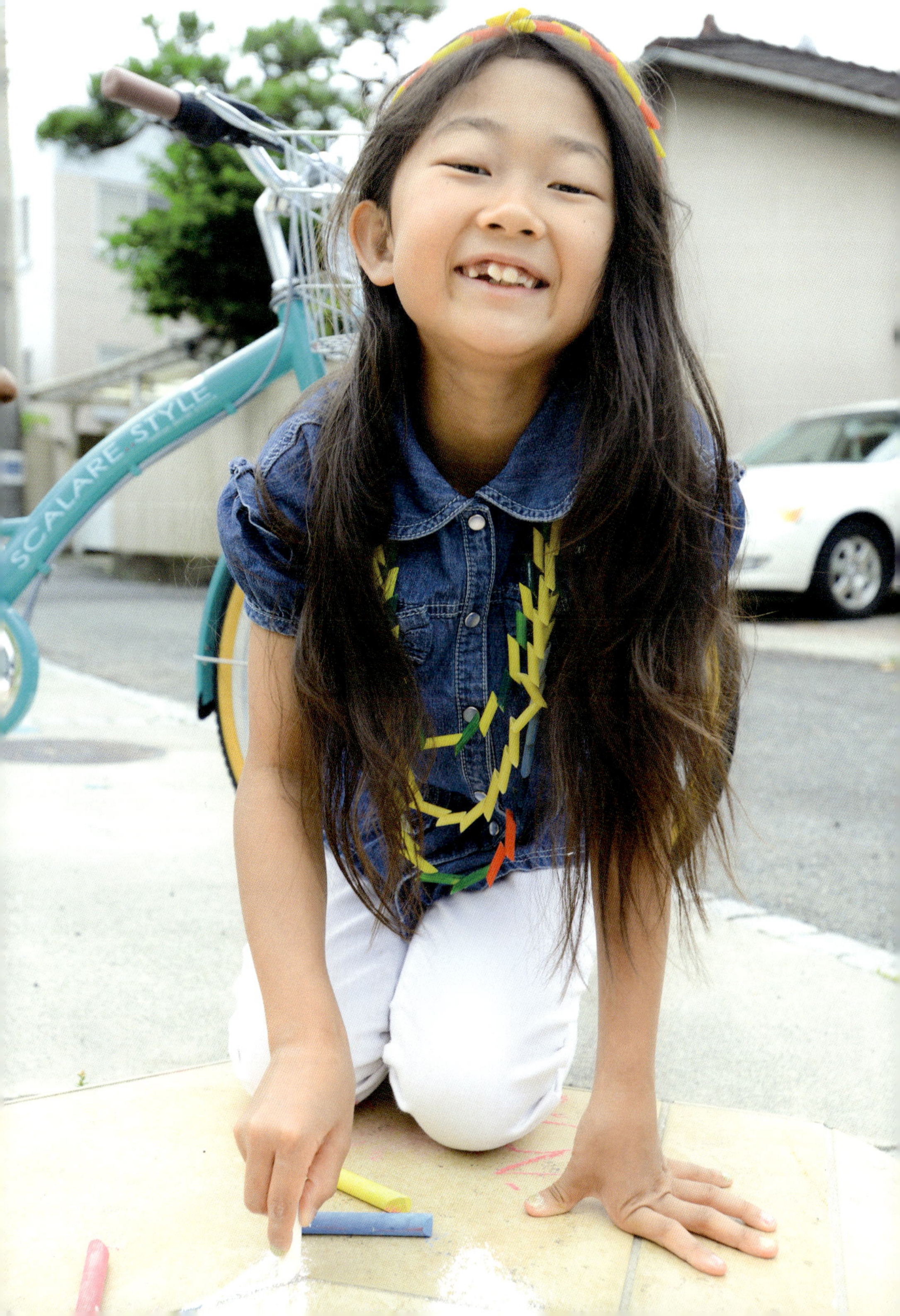
SCALARE STYLE

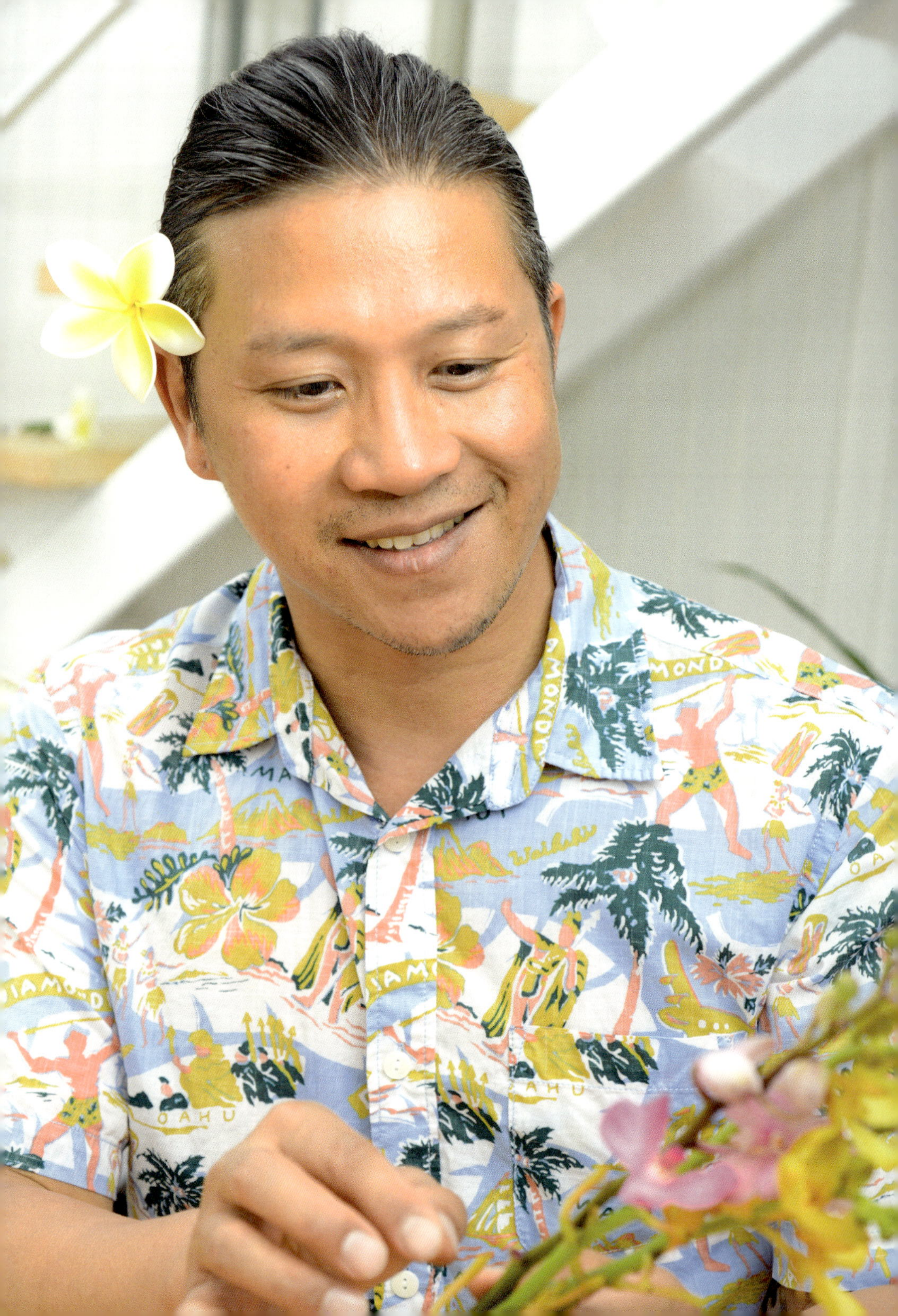
OAHU

大切なのは、作る気持ちなんだ。

だって、プレゼントでしょ？

きれいに作ることよりも、

愛情をたっぷり込めて作ってね。

受け取った人は、きっと喜んでくれるから。

A lei is given with appreciation.
A lei is made with appreciation.
Kawena

ひもと植物で
作るレイ

これでボクも
オシャレ犬だワン！

ひもと植物で作るレイ｜作り方

[材料]
カットした好きな花と葉（ここではアスター4本分、かすみ草2本分、スターチス8本分、スプレーマム4本分、アイビー3本分を使用）
ひも（ここではラフィアを使用、約45cmのものを7本）

ヒモで作るレイのときは、花材の茎を長めに残してカットしましょう。

1 土台のひもを用意します。ひもの端を玉結びし、輪にするための結ぶ部分を15センチほど作り、かた結びします（P.25参照）。

2 別のひもを1本用意し、[1]の結び目に結びつけます（P.25参照）。

3 土台のひもの上に花材を置いていきます。まずは面積の大きな葉などを置くのが、バランスよく見えるでしょう。

4 その上に花を重ねたら、[2]で結びつけたひもで花と土台を束ねるように、ぐるっと巻きます。

5

回したひもの上から、また葉と花を重ねたら、また同じようにひもを巻き付けます。これの繰り返し。

6

［4］と［5］を繰り返し、5センチほど作れたら、回しているひもを土台の後ろで結び留めます。

7

結んだ後は、また同じように花材を置いて、ひもを回します。新たに5センチ作れたら、また［6］の要領で結びます。定期的に結ぶことで、花材が抜け落ちるのを防ぐことができます。

8

レイにするのにちょうどいい長さになったら、同じ場所で3回、［6］のようにして結びます。結んだら、ぐるぐる回していたひもは、邪魔にならないよう短くカット。

9. はみ出している茎を切り落として、きれいにします。

10. 輪っかにするために結ぶ部分を作り（P.25参照）、最後は玉結びに。両端を結び合わせて輪っかにすれば、完成！

こんなレイもできるよ

左のレイで使用した花材は、スターチスとアイビーだけ。シンプルだけどボリュームのあるレイに！

レイの長さ

COLUMN

首にかけるレイの平均的な長さは80〜90センチ。ほかにも冠のように頭につけるレイや、フラ・ダンサーの衣装では、手首、足首にもレイをつけることがあります。いずれのレイにしても、両端には、輪にするために結ぶ部分が必要なことを忘れずに！

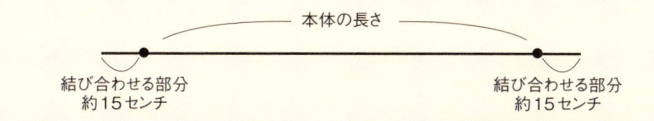

```
    ←――― 本体の長さ ―――→
  ●                      ●
 結び合わせる部分          結び合わせる部分
  約15センチ               約15センチ
```

ひもで作るレイの土台は、2つの方法で作れます

❶ 2本をねじって合わせる

1

ひもを2本用意します。端を玉結びし、2本をまとめたら、セロテープなどでひもの端を机に固定します。そして左右の手でひもを1本ずつ持ち、矢印の向きにねじりながら、2本を絡ませていきます。

2

15センチほどできたら、かた結びでしっかり留めます。そこに、花材を巻きつけていくためのひもを結びつけたら本体を作りはじめます。本体を作り終えたら［1］と同じようにねじって、結び合わせる部分を15センチほど作ります。最後は玉結びに。

❷ 3本を三つ編みする

1

3本のひもを用意して、端を玉結びする。

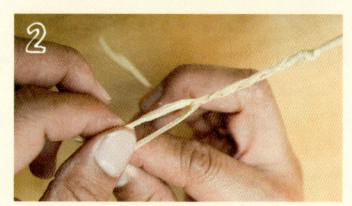

2

端をセロテープで机に貼るなどして固定し、三つ編みをします。

3

三つ編みが15センチほどできたら、かた結びでしっかり留め、花材を巻きつけていくためのひもを結びつけます。本体を作り終えたら、また三つ編みを15センチほど作り、結び合わせる部分を作ります。最後は玉結びでしっかり留めましょう。

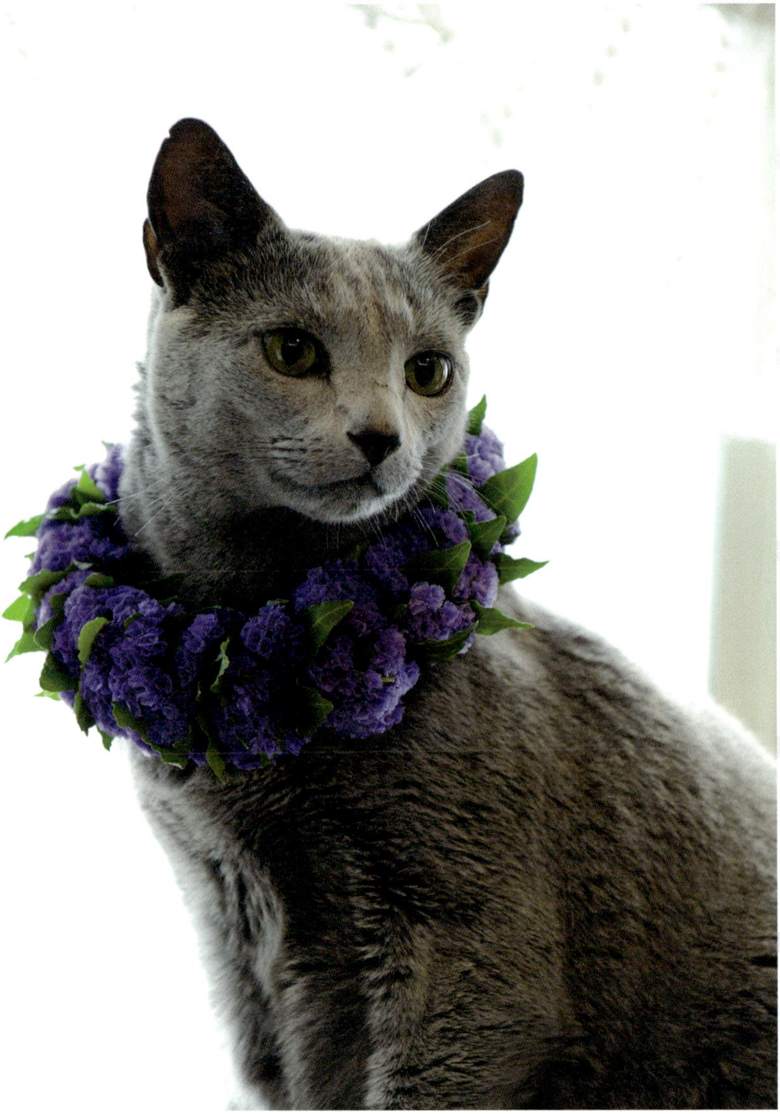

ちょっと、コレ、
すごくない？！

ん、なんか
いい香りもするぞ。

大好きなあのコに
見せに行こーっと♪

27

ママ、今日はなんだかとってもシアワセそう！
あたちもニコニコになっちゃうわ♪

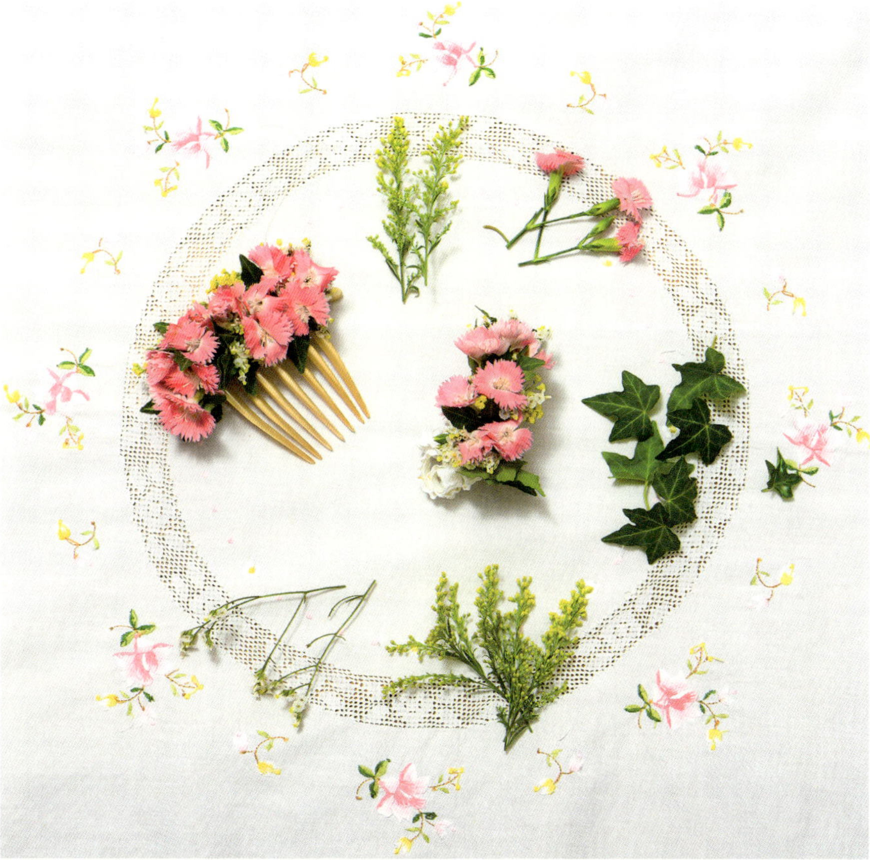

髪飾り（コーム＆カチューム） | 作り方

[材料：カチューム、コーム共通]
好きな花材（ここでは、アイビー、なでしこ、アスター、かすみ草を使用）
はさみ
[コーム用]
コーム
ひも1本（ここではラフィアを使用）
[カチューム用]
よく伸びるゴム（またはヘアバンド）
針＆糸

写真に写っているカチューシャは使用していません。

[コーム]

1 花材を切ります。茎は長めに残しましょう。

2 ひもをコームの端に結びつけます。

3 花や葉を置いてひもをぐるっと回し、また次の花材を置き、ひもを回す…の繰り返し。

4 コームの端まで飾りつけられたら、最後はひもがほどけないようにきつく結んで完成！

[カチューム（ヘアバンド）]

1. 花材をカットしたら、まずは頭のサイズに合うようにゴムの端と端を縫い合わせ、輪にします。

2. ゴムの平面が見え、作業しやすくなるように、ゴムの上に重しを置いたりするといいでしょう。

3. 使いたい花材をゴムの上に置いたら、その茎をゴムに縫い付けます。イラストのように茎の際に針を出し、また際に針を入れます。

4. 花材を置いたら縫う、を繰り返していきます。

5. 飾りがほどよい長さになったら玉止めをし、余計な糸を切って、できあがり！

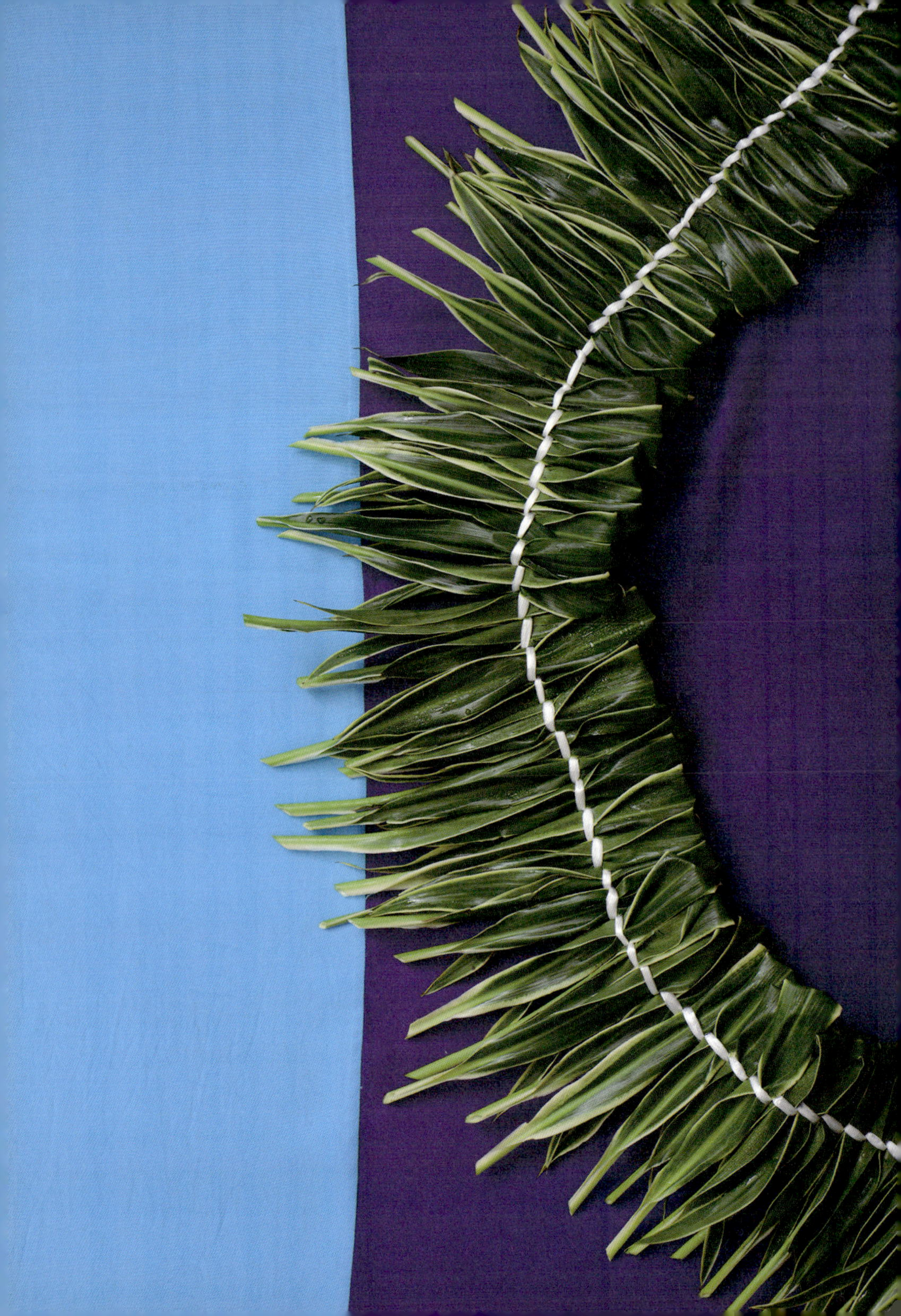

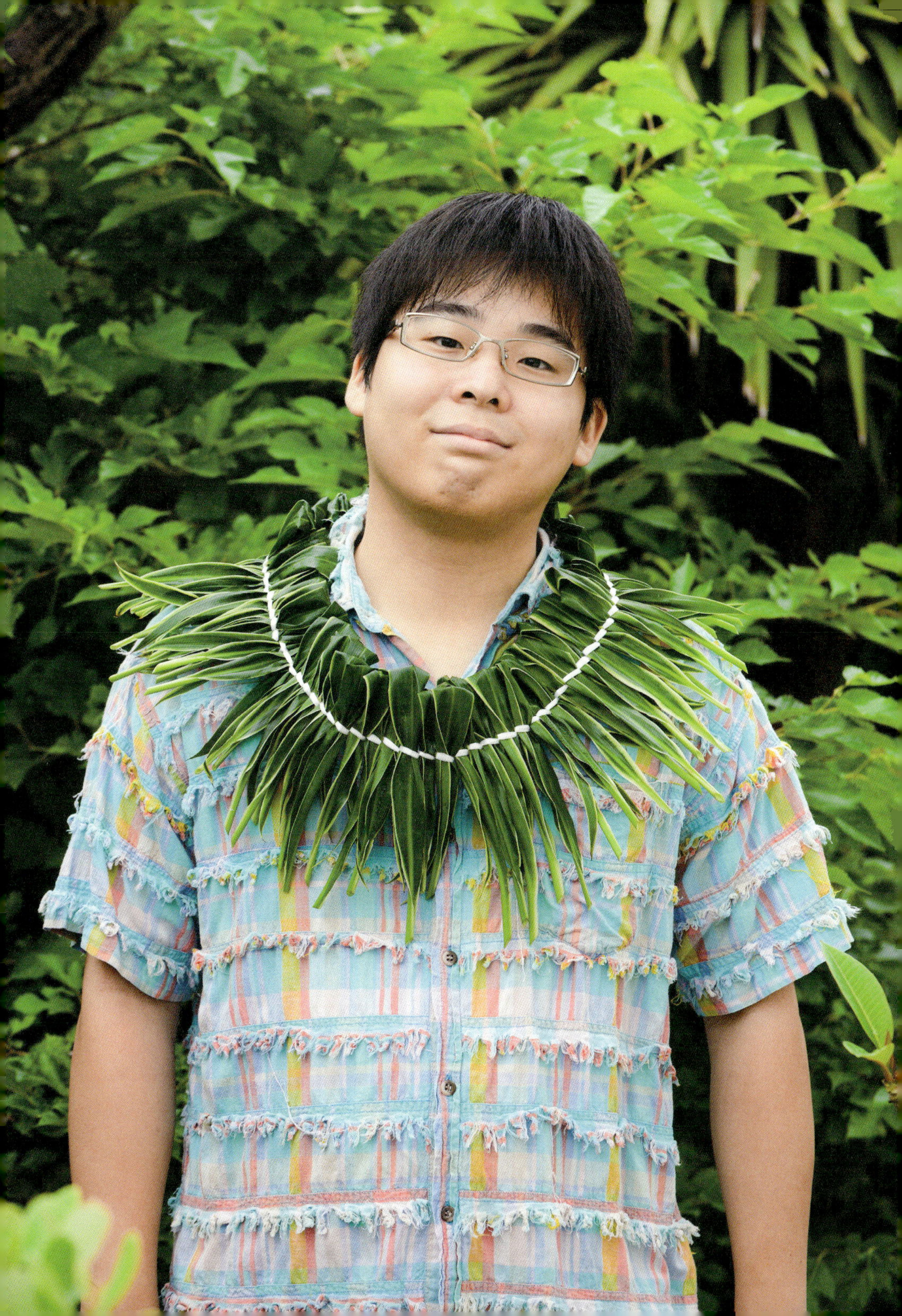

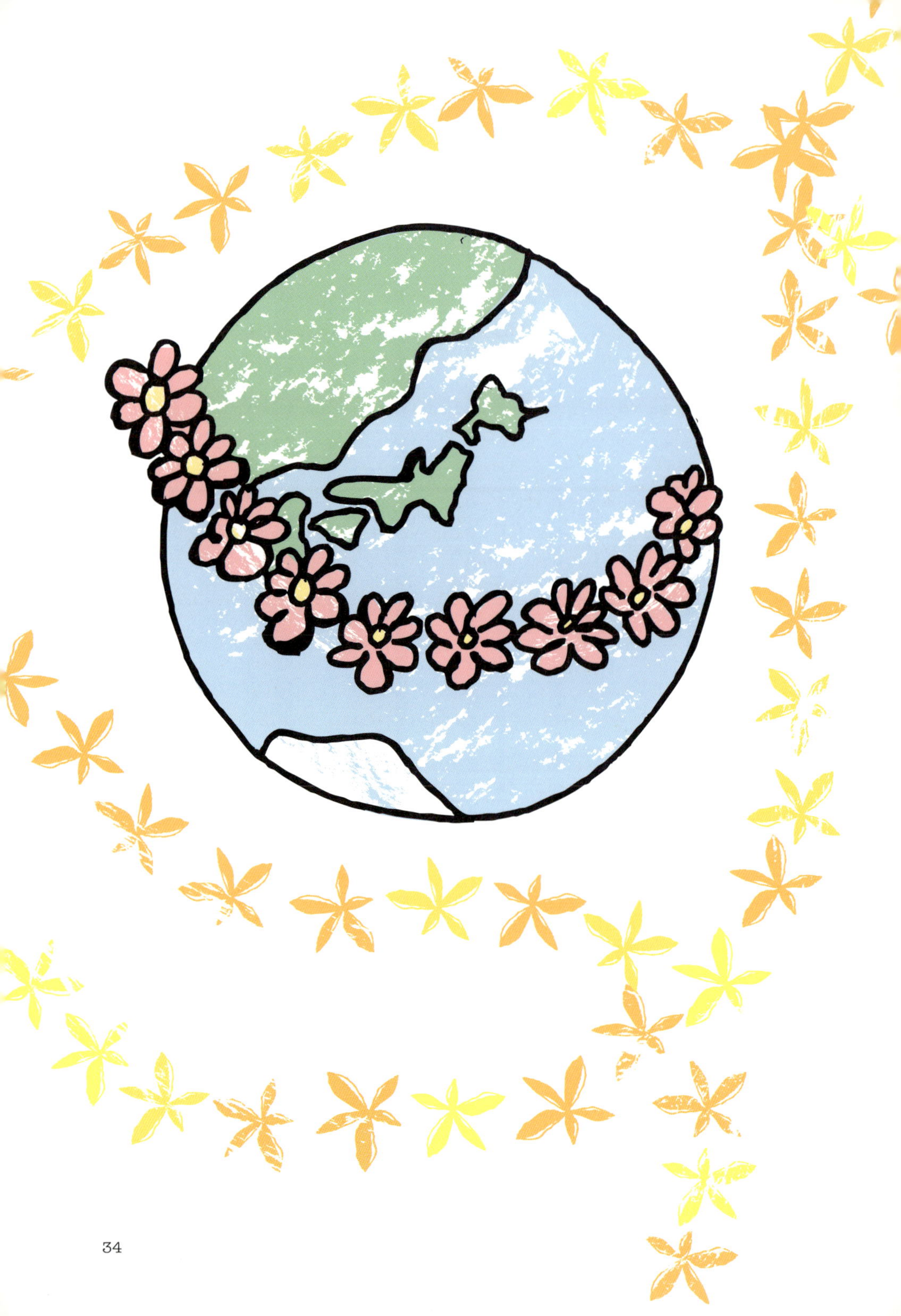

レイは、まあるい。サークルだね。

レイは、輪になって、つながっている。

レイも家族も、つながっているよ。

サークルには「終わり」がないんだ。

だからレイは、永遠の愛のシンボル。

A lei is a continuous circle,
Symbol of never ending love.
Kawena

ひもと植物で作るレイ 葉っぱのレイ｜作り方

[材料]
ドラセナ　写真のもので15本ほど
長さのとれるひも
（ここではポリエチレン製テープを使用）
　約95cm×2本
　200cm×1本
はさみ、セロハンテープ

1 使う分量の葉を切り離します。

2 短い方のひも2本の端をまとめて玉結びしたら、机などに固定し、出だしの結びあわせる部分を作ります（P.25①参照）。

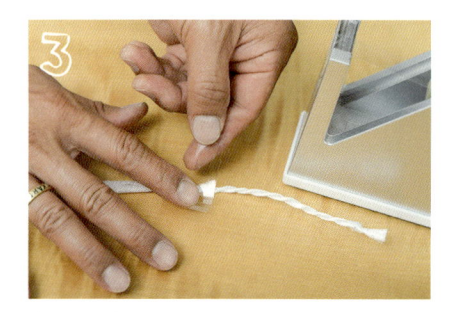

3 出だしの部分が15センチほど作れたら、かた結びをします。その部分をセロハンテープで机や床の上に固定します。これが土台のひもとなります。

4 長い方のひもを半分に折り、折り目が［3］で作った結び目のところにくるようにします。

5

そのまま、長いひもの中央が結び目となるようにして、土台の結び目にしっかりと結びつけます（ここからは土台のひもを青色で示します）。

6

土台のひもが1番上にくるようにし、ひもを3方向に開いたら、葉を置きます。真ん中のひもだけが、葉の下になるようにします。

7

葉をねじって手前にふわっと折ったら、手前のひもの下に挿し込みます。そして、真ん中にあったひもと一番下になっていたひもが交差するように、掛け合わせます。

［7］で掛け合わさった部分が緩まないように押さえたまま、次の葉を［6］と同様に置きます。置いたら［7］と同様に、真ん中と下のひもを掛け合わせます。

この作業をどんどん繰り返していきます。途中、編み目がおかしくなっていないか、裏側も確かめましょう。おかしい部分があると、そこから葉が抜け落ちてしまうことがあるので、気をつけましょう。

じゅうぶんな長さになったら、ひもをしっかりと結びます。そのあと、15センチほど三つ編みを作り、玉結びをして、結び合わせる部分を作ったら完成！

COLUMN

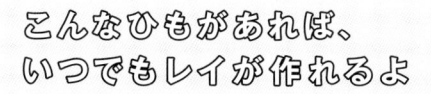

こんなひもがあれば、いつでもレイが作れるよ

作り方のページで紹介しているひもが手元になくても、このようなもので代用できます。
身近なものを上手につかって、手軽にレイづくりを楽しんでみてね！

[レイづくりに適しているもの]
・ラフィア（手芸店で購入できます）
・ポリプロピレン製テープ（スズランテープなど）
・荷造りひも
・毛糸

ある程度の強度があって、固すぎないひもがいいでしょう。おうちにある身近なひもでも、いろいろ試してみてくださいね！

[適していないもの]
細すぎる糸やテグスは植物を傷めやすく、強度も弱いので、このタイプのレイ作りには向いていません。

作るレイによって、使い分けるとGOOD！

34ページで紹介したようなレイを作るには、なが〜いひもが必要です。そういうときは、ポリプロピレン製テープや荷造りひもといった、はじめから長さを取れるひもを使うのがベスト。
ラフィアは1本が50センチ前後の長さで売られていることが多いので、同じレイを作るのにラフィアを使ったとしたら、何回も継ぎ足さなくてはいけなくなってしまいます。これでは手間もかかるし、見た目にも継ぎ足した部分（玉結び）がところどころに見えてしまうことも。作るレイによって、ひもを使い分けましょう。

植物だけで
作るレイ

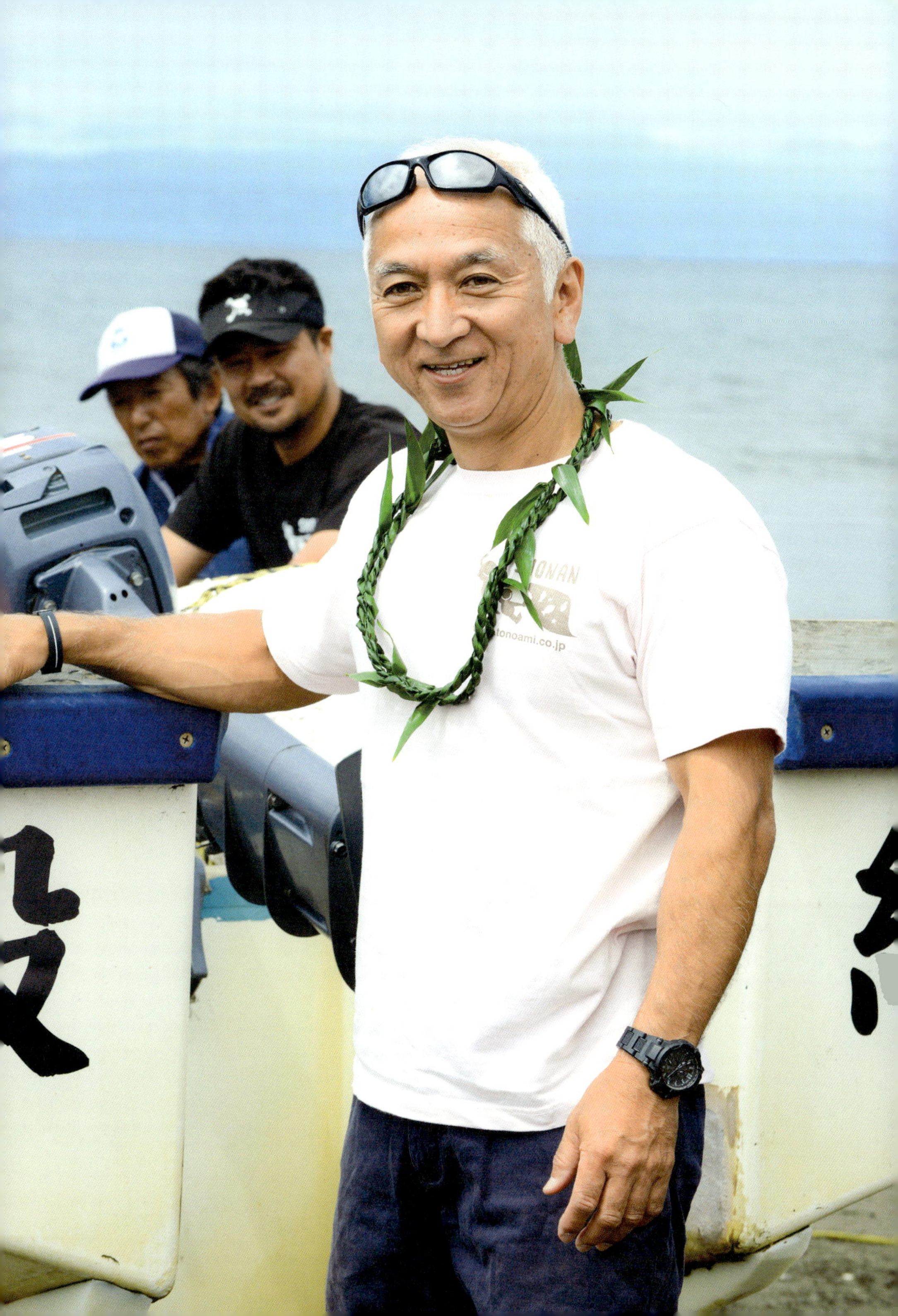

植物だけで作るレイ **ねじねじのレイ** | 作り方

[材料]
ハラン　8〜10枚

1
まずは葉っぱの下準備をします（P.44 参照）。

2
葉を1枚手にとり、半分の長さに折ります。折ったところが輪になるように結びます。

3 輪の部分を誰かに持っていてもらうか、どこかに引っかけて固定します。両手にそれぞれ葉を握り、矢印の方向にねじりながら、両方の葉を交差させていきます。

4 ねじっている葉の残りが短くなったら、新しい葉を足します。葉の先から10センチくらいのところが編んでいる部分に当たるように葉を置きます。

5 残りが短くなっている部分を新しい葉で包み込むようにしながら、[3]のねじねじを続けます。

6 すると、写真のように新しく置いた葉の先が飾りのように飛び出し、巻きつけた方は自然に繋がっていきます。適当な長さになったら、最後は[2]で作った輪に通し、かた結びをしてできあがり！

COLUMN

植物で作るレイに使う葉は
下準備が必要です

植物をひものようにねじったりして使う場合には、葉に熱を加えて、葉をしなやかにしましょう。そのままだと葉が破れてしまい、とても扱いにくいです。

1　まずは芯を取り除きます。

芯の脇にはさみを入れ、葉を写真のように切ります。

2　芯は捨て、葉の部分だけを加熱します。

加熱の方法はいろいろ

- **電子レンジ**
  ビニール袋（スーパーでもらう袋）に水を少し入れ、30秒ほど温めます。葉がしんなりしたらOK。
- **焼く**
  フライパンなどの上で、葉がしんなりするまで焼きます。
- **茹でる**
  沸騰したお湯に30秒ほどつけて、葉をやわらかくします。
- **アイロン**
  当て布をして、葉に熱を加えます。当て布をしないと、葉の汁でアイロンが汚れてしまうので注意が必要。
- **冷凍する**
  一度凍らせてしまってもOK。葉を長期保存したいときにも向いています。ですが、レイを作っているときに葉の汁がたくさん出て手が汚れてしまうので、あまりおすすめしません。

使う葉の種類

日本で手に入りやすい植物では、ハランがおすすめ。
ハワイではティ・リーフと呼ばれる葉を使うのが主流です。緑や赤色のティ・リーフは、日本の花屋さんでも手に入る場合があるので、もし見つけたらぜひ使ってみてくださいね。

今日の午後も、
がんばれそうだ！

\ あっという間に /
できちゃう
アイビーのレイ

これはとってもかんたんなレイ。
アイビーを何本か用意したら、両手に１本ずつ持って、２本を絡めていくだけ。44ページで紹介した「ねじねじのレイ」の要領でね。絡めながら長さを足して、どんどん長くしていけば、それだけでレイが完成！
葉っぱだけで作ったレイなら、輪にしない、オープンスタイルのレイもハワイではポピュラー。
アイビーだけじゃなく、身近な植物でもぜひ試してみて！

カンタン！

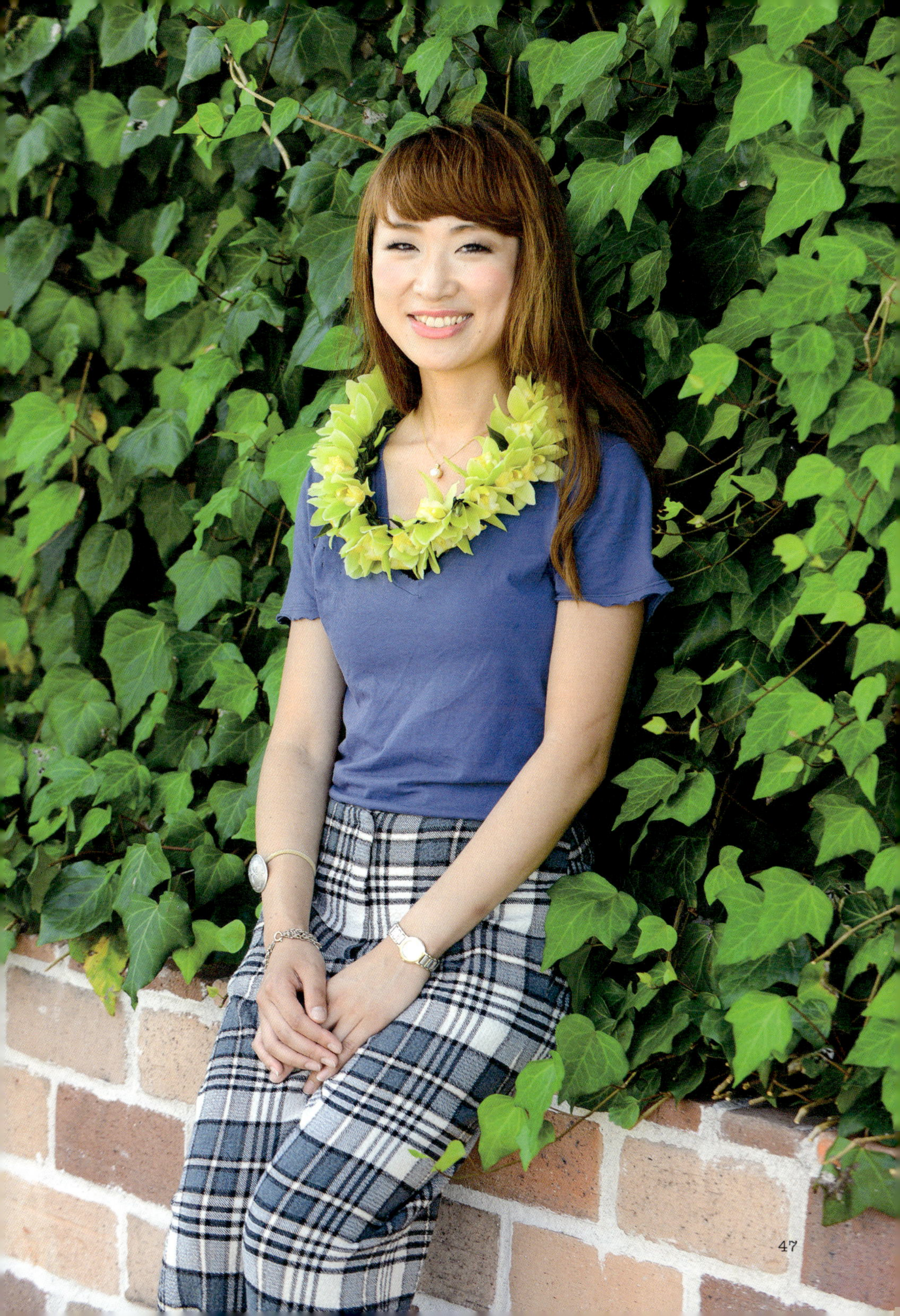

わっはっは。
嬉しいねぇ〜

斜めにもかけられるぞ。
こっちの方がカッコイイかな？

49

植物だけで作るレイ \\ 上級者向け // 三つ編みのレイ｜作り方

[材料]
ハラン　20枚
ドラセナ　12本

1. 用意したハランのうち12枚ほどは、加熱して下準備をします（P.44参照）。

2. ドラセナの葉は茎から外しておきます。ハラン8枚ほどは写真の方向にはさみを入れ、細かくしておきます。

これはちょっと難しいぞ！

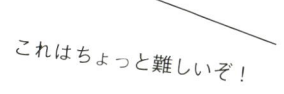

3
加熱した葉を3枚持ち、端を玉結びにしてまとめます。

4
3枚の葉を三つ編みしていきます。

5
15センチほど三つ編みが進んだら、[2]で作ったパーツを三つ編みの真ん中に垂直に置きます。置いた葉の上を通すようにして、次の三つ編みをします。さらに次の三つ編みをする前に、パーツの葉の下半分を上に折り返して（写真右）から、次の三つ編みをします。

今度はドラセナの葉を置きます。葉の端を親指で押さえ、反対の手でドラセナの葉の中央を押し上げる要領で、ループを作ります。ループができたら、ループの根元に次の三つ編みを掛け（写真［6］下）、次の葉を置きます。

ループ→葉の飾り→ループ…と続けてもいいし、ループ→ループ→葉の飾り…としても構いません。そのときのフィーリングで好きなように編んでいきましょう。

［7］を繰り返していきます。

ほどよい長さになったら、最後は土台の葉だけで三つ編みを続けます。

ドラセナやハランを編み込む代わりに、このように花を置いていけば、47ページのような優美なレイにもなります。（使用した花はシンビジューム）

三つ編みが15センチほどできたら、最後は土台の葉を玉結びして、完成！

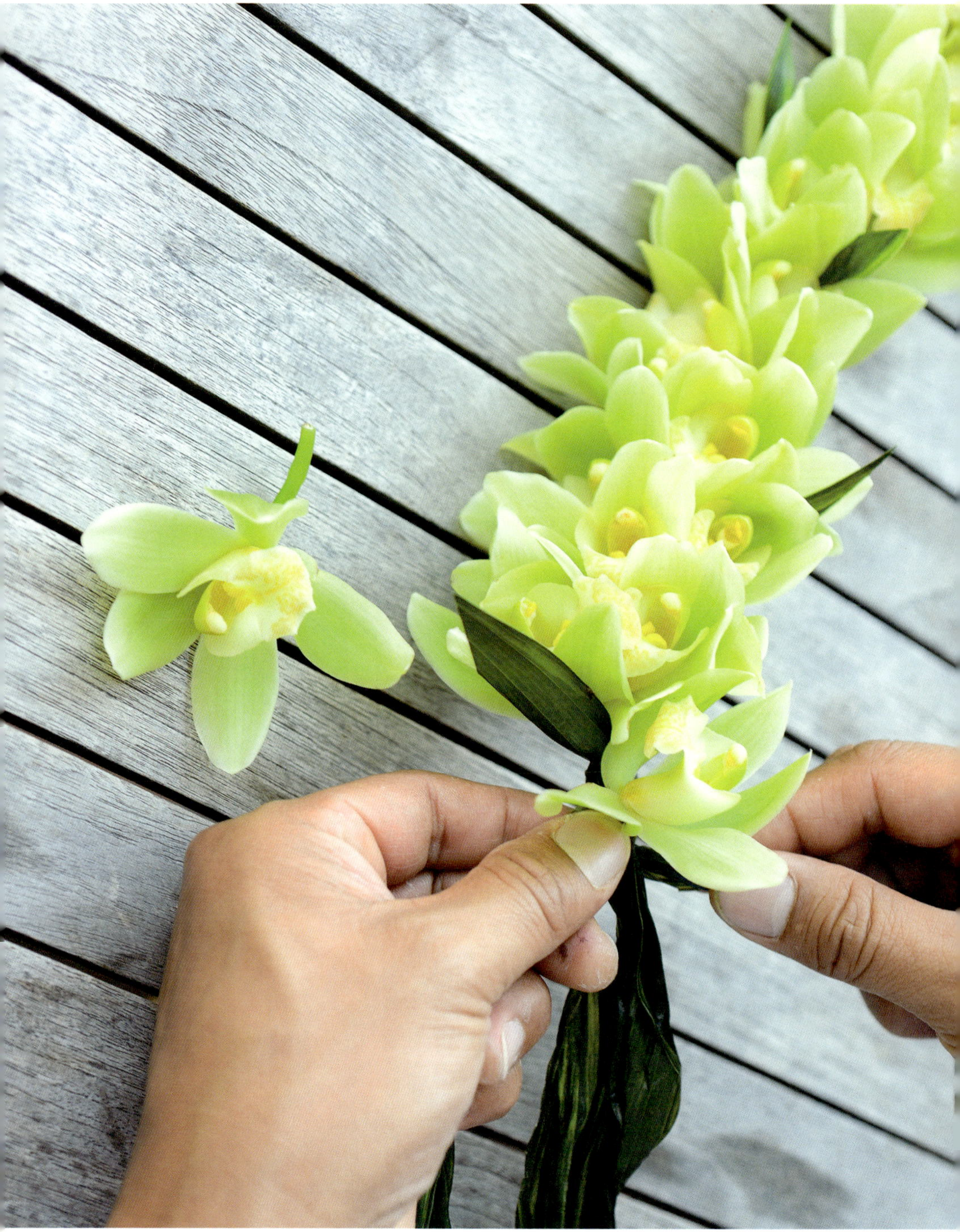

まちがったって、いいんだよ。

続けることが大事なんだ。

完璧にキレイなレイを作らないといけないだなんて、

どうして？

どんなものにも、美しさはあるんだから。

もっともっと肩の力を抜いて、楽しんでね。

あなたのポジティブなエネルギーが、

レイには編み込まれるのです。

Your breath a positive energy is weaved into your lei.
Kawena

気持ちの込もった
レイをもらえば
みーんなスマイル

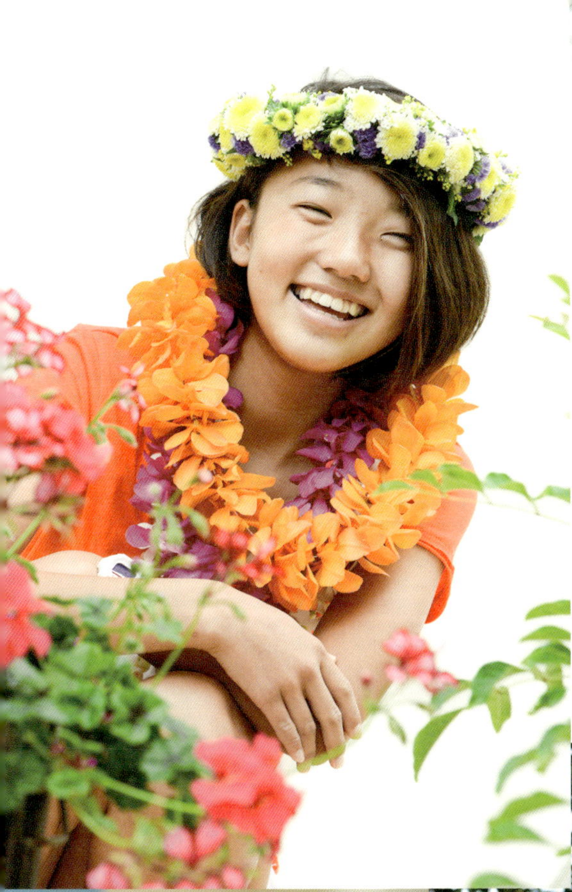
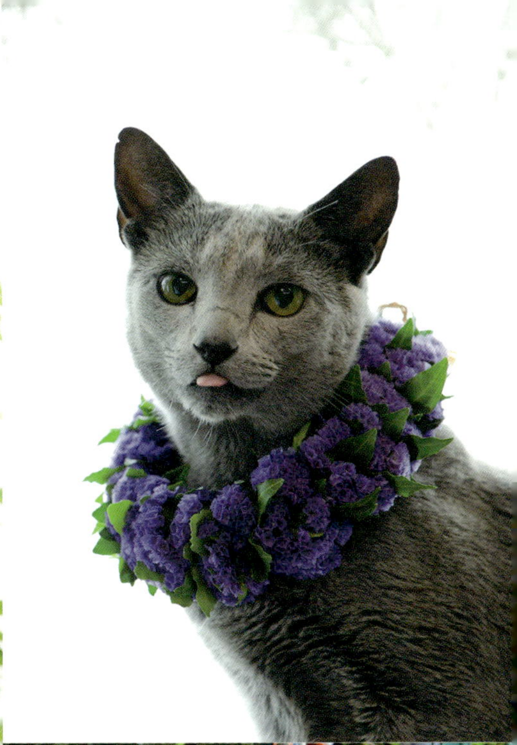
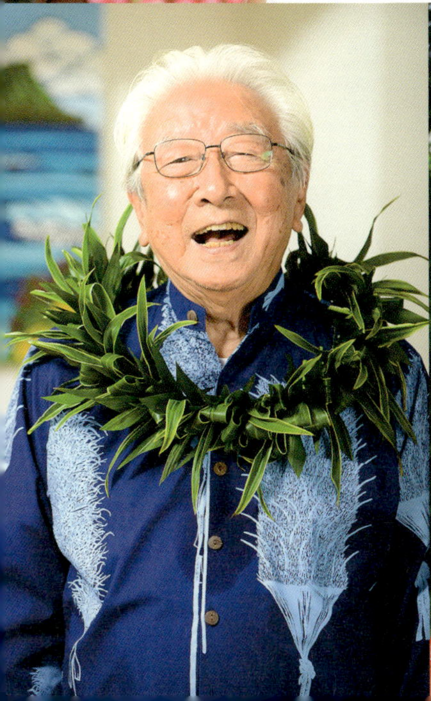
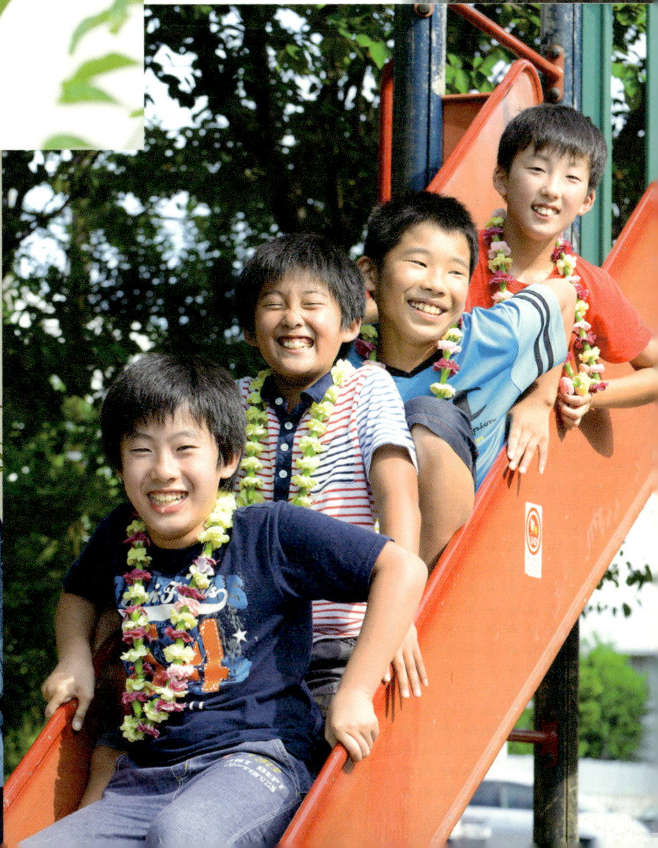

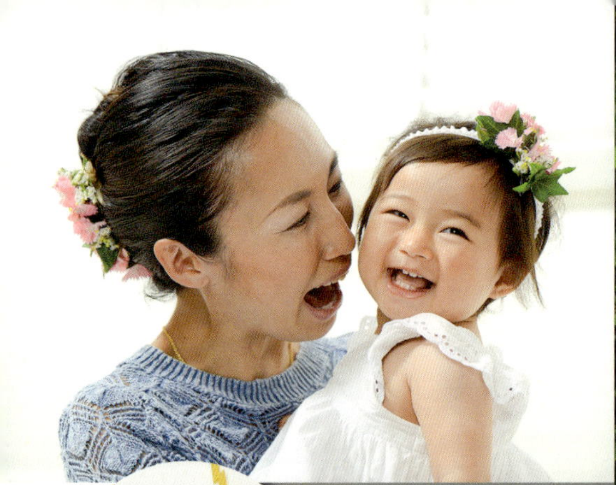
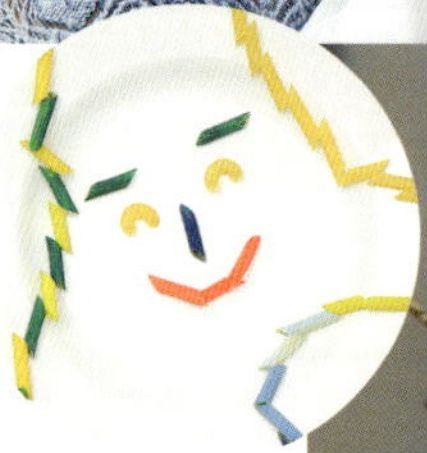
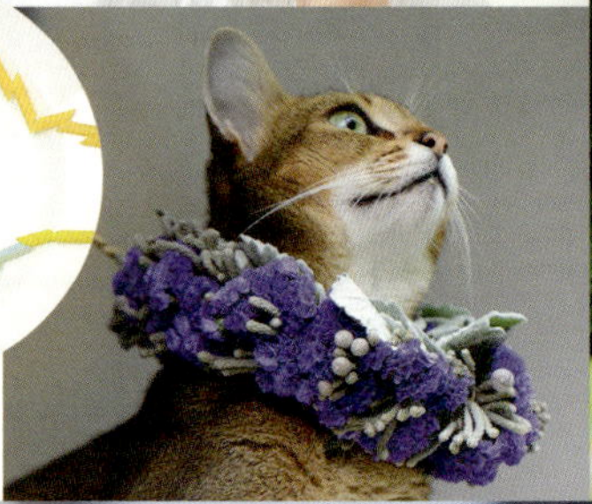
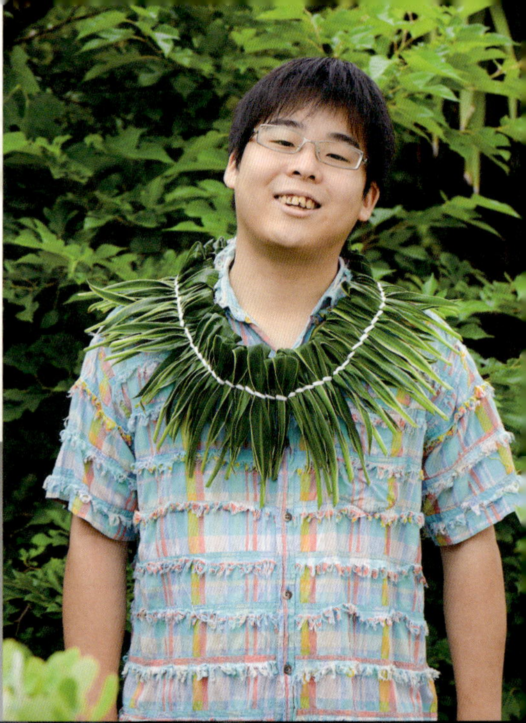
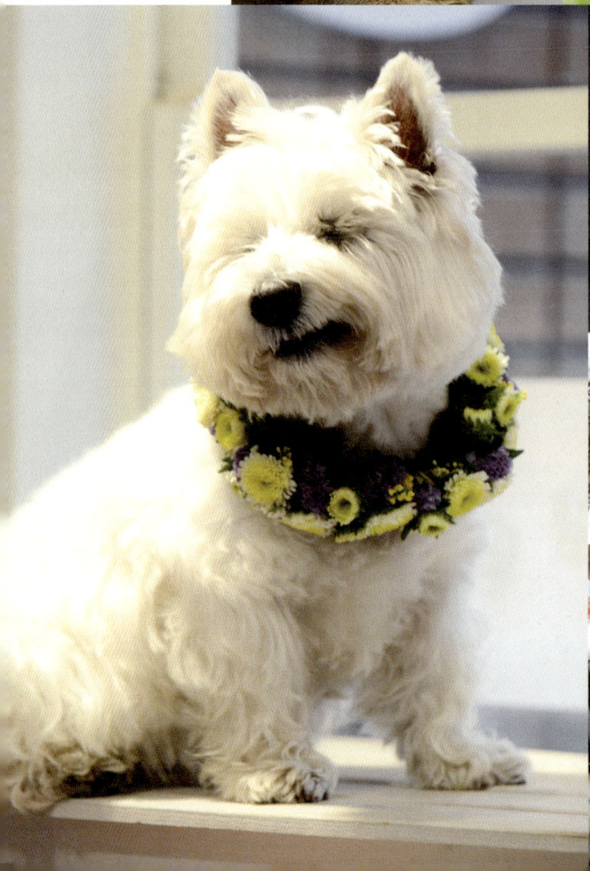
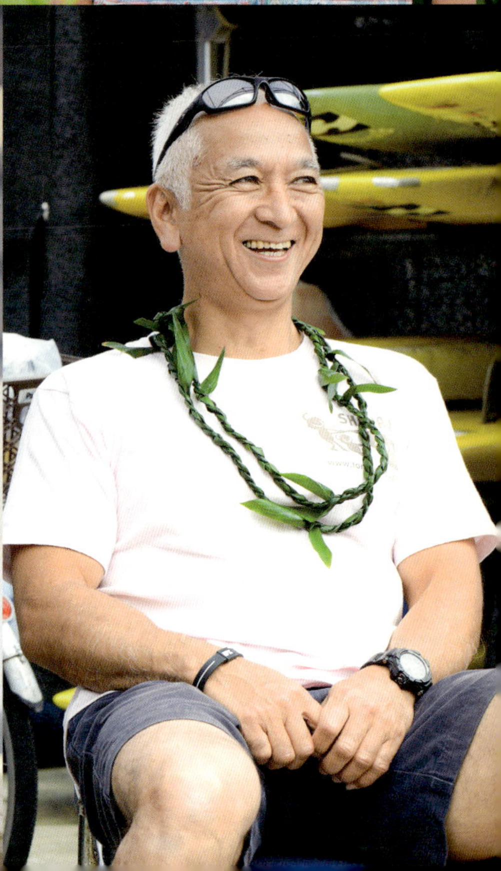

SMILE!

おわりに
基本的な作り方さえ覚えれば、いつでもどこでも、身の回りのものを使って簡単に作れるようになるのがレイなんだ。最初はなかなかキレイな仕上がりにならないかもしれない。でも、あなたが贈る人のことを想いながら作ったレイは、きっと喜んでもらえます。ほら、小さな子どもがあなたにあげるために時間をかけて黙々と書いたラクガキを「どーじょ」ってもらったら、たとえそこに何が書いてあるか理解できなくても、嬉しいでしょ？　とにかく大切なのは、贈る気持ち。身近なものを使って、あなたのオリジナルのレイを作ってみてくださいね。

Anthony Kawenaulaokala Mann
アンソニー・カヴェナウラオカラ・マン

クムフラ（フラの家元）、ハワイアンクラフトメーカー、レイメイカー。
ハワイ・オアフ島カハラ出身。9歳のとき、ホノルル少年合唱団入団。フラ、ミュージック、クラフトを学ぶ。クムフラ、アラン・マカヒヌ・バーシーおよびチンキー・マホエのもと、17～25歳まで、フラのオリンピックといわれるメリー・モナークに毎年出場。2008年にはフラの修行を究め、クムフラ、フランク・ヒューエットよりフラの家元を授かる。フラの世界とハワイの文化に没頭し続けて得た経験は、日常生活において、ハワイアンスピリッツをいたるところに感じさせる源となった。
2008年、日本に拠点を移し、東京と湘南でフラの教室「アナパナパヴァイ　オ　プオレナ」を主宰。フラ、クラフト、レイメイキングにとどまらず、ミュージシャン活動やクッキングワークショップ等、様々な形でハワイの文化を日本で伝授している。2013年には自ら作詞作曲したファーストアルバム「メカハクレイ」をリリース。ライブやコンサートなどの音楽活動も行う。また TV や CM などの制作活動において、ハワイアンカルチャー部門で多数携わっている。

Special Thanks to:

藤田佳奈
近藤寛子
岡田弘子
人見　共
芦刈治将 & ANA
河野　陸 & 関口　旭 & 古川亘太 & 本間圭太
古川香織
藤井絵真麗
ラルフ
ラニ
アンク
馬場美欧子 & 小春
平井千波矢
土志田　仁
斉藤佑介
高岡絵美
鳥山親雄
岡田えりさ

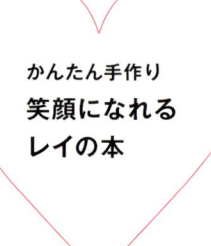

かんたん手作り
笑顔になれる
レイの本

2014年10月31日　第1刷発行

著　者	カヴェナ・マン
装丁・本文デザイン	中澤明子
写　真	平井幸二、吉田篤史
編集協力	見上裕美子
協　力	すみだ水族館
印　刷	株式会社サンニチ印刷
発行人	平井幸二
発売元	株式会社文踊社
	〒220-0011
	神奈川県横浜市西区高島2-3-21
	ABEビル4F
	tel 045-450-6011

ISBN 978-4-904076-43-9
価格はカバーに表示してあります。
ⒸBUNYOSHA 2014

本書の全部または一部を無断で複写、複製、転載することは
著作権法上の例外を除き、禁じられています。
乱丁、落丁本はお取り替えいたします。

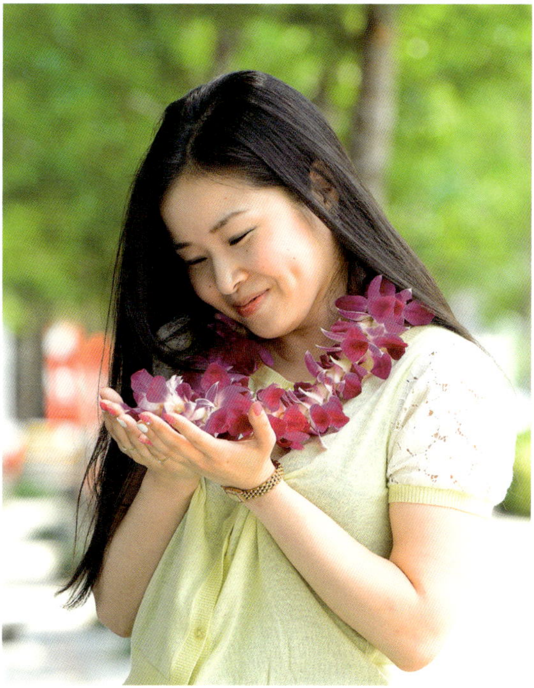